She-Kwan-Dao Kung-Fu

Siegfried Kynast

She-Kwan-Dao
Kung-Fu

Das komplette Kampfkunstsystem

Impressum

Bibliografische Information der Deutschen Nationalbibliothek:
Die Deutsche Nationalbibliothek verzeichnet diese Publikation in der Deutschen
Nationalbibliografie; detaillierte bibliografische Daten sind im Internet über
http://dnb.dnb.de abrufbar.

TWENTYSIX – Der Self-Publishing-Verlag
Eine Kooperation zwischen der Verlagsgruppe Random House und BoD – Books
on Demand

Copyright © by Siegfried Kynast 2016

Herstellung und Verlag:
BoD – Books on Demand, Norderstedt

ISBN: 9783740716639

Autor: Siegfried Kynast
Bilder: Privataufnahmen
Lektorin: Renate Güpner-Krause
Korrekturlesen: Stephan Krause, Kerstin Kynast

Inhaltsverzeichnis

Für die Unterstützung beim Verfassen meines Buches, bedanke ich mich ganz herzlich bei Renate Güpner-Krause und bei ihrem Mann Stephan Krause, sowie bei meiner Frau Kerstin.

Der Weg ist das Ziel

Laotse

蛇拳道

Schlange-Faust-Weg

Der Ursprung des Kung Fu

Die wohl weitverbreitetste Geschichte über die Entstehung des Kung-Fu ist die, dass ein indischer Königssohn und Mönch mit dem Namen Budhidharma (Ta Mo) im Jahre 520 nach China kam, um die Lehren des Zen-Buddhismus zu verbreiten. Im Kloster von Shaolin in der Provinz Honan fand der Königssohn Zuflucht, nachdem er vom Kaiser Liang Wu Ti abgewiesen wurde. Mit erschöpfenden Meditationsübungen begann er dort seine Lehren zu predigen. Die Mönche schliefen jedoch oft bei den Meditationsübungen ein. Ta Mo entwickelte die 18 Übungen (Shi-pa-lo-han-so) „Die 18 Hände der Lohan", um so die körperliche wie auch geistige Verfassung der Shaolin-Mönche zu verbessern. Diese 18 Übungen waren die Grundlage für das sich später entwickelnde Shaolin-Kung Fu. Die 18 Übungen wurden von einem Boxmeister, der das Amt eines Oberpriesters in Shaolin innehatte, Jahrzehnte später erst wieder aufgegriffen und auf 72 Bewegungen erweitert. Man kam zu der Erkenntnis, diese Übungen auch gut für den Kampf gebrauchen zu können, bisher dienten diese nur dazu, die Harmonie zwischen Körper und Geist der meditierenden Mönche zu vervollkommnen. In gemeinsamen Studien verschiedener Boxmeister von Shaolin wurden diese Übungen auf 170 Übungen erweitert. Daraus entstanden die Formen des Drachen, des Tigers, der Schlange, des Affen und der Gottesanbeterin. Hunderte Stile des chinesischen Boxens haben sich bis heute entwickelt, die alle Grundelemente der Lohan enthalten. Der Shaolin-Stil verbreitete sich schnell über ganz China, wobei sich zwei Hauptrichtungen entwickelten: Es waren die äußere und innere Schule (oder auch harten und weichen Systeme), wobei die innere Schule als der eigentliche Ursprung der chinesischen Kampfkünste bezeichnet wurde.

Diese Bewegungen, die der Ausgeglichenheit und der Gesundheit des Körpers dienten, beinhalteten fließende und runde

Bewegungen. Systeme der inneren Kampfkünste sind z.B. Tai Chi, Hsing-I und Pa Kua. Übungen und Techniken, die unterrichtet wurden, einen Gegner schnell kampfunfähig zu machen, oder die zur Abhärtung des Körpers dienten, wurden als äußere Kampfkünste bezeichnet. Es entwickelten sich auch unterschiedliche Stile zwischen Nordchina und Südchina. Der nördliche Stil enthält sehr viele Fußtritte und Kombinationen, wobei der südliche Boxstil überwiegend Hand- und Boxkombinationen beinhaltete.

Was ist She-Kwan-Dao?

Die traditionelle asiatische Kampfkunst ist der Ursprung für die Entwicklung des She-Kwan-Dao Kung-Fu und soll praktische Selbstverteidigung vermitteln. Auch das traditionelle Kung-Fu und seine Tierstile bilden die Grundlage für das She-Kwan-Dao. Mit Elementen verschiedener harter und weicher Kampfkünste gemischt, wurde ein neuer Kampfkunststil modifiziert. Das Erlernen praktischer Selbstverteidigungstechniken des She-Kwan-Dao hat zum Ziel, Angreifer waffenlos, das heißt mit Händen, Füßen oder einem anderen Teil des Körpers abzuwehren. Alle Bewegungen des She-Kwan-Dao gehen somit vom Grundsatz der Selbstverteidigung aus. Das She-Kwan-Dao Kung-Fu soll nicht als eine Ansammlung von sinnlosen Techniken und Formen verstanden werden, wobei das Wesen und die Tradition der Kampfkünste über Bord geworfen werden. Im Gegenteil: Das She-Kwan-Dao ist ein neuer Stil der Kampfkünste im Aufbau der Techniken vom Schülergrad bis zum Meistergrad. Hier wird nicht nur körperliche Kraft, Ausdauer und Technik unterrichtet, sondern es trägt auch zur Formung der eigenen Persönlichkeit und Stärkung des eigenen Willens bei. Das Trainieren des Körpers und der traditionellen asiatischen Kampfkünste, sowie die Verbindung mit der Erziehung des Geistes, machen das She-Kwan-Dao zu einem Kampfkunstsystem neuer Art. Die Kampfkunst des She-Kwan-Dao soll nicht als Freizeitbeschäftigung verstanden werden, sondern eine Art der Lebenseinstellung vermitteln. Nur durch das richtige Verständnis und diszipliniertes Denken sowie das Erkennen der eigenen Persönlichkeit erhält man ein gesundes Selbstvertrauen und die nötige Gelassenheit zur Selbstverteidigung.

Der Stilgründer des She-Kwan-Dao

Meister Siegfried Kynast 6. Dan Kung Fu

Warum trainieren wir She-Kwan-Dao?

Im She-Kwan-Dao findet nicht nur die körperliche Schulung statt, sondern man erhält auch neben seiner physischen Stärkung ein neues Bewusstsein seiner bisherigen Grenzen. Eine Neueinschätzung der eigenen Persönlichkeit während der Ausbildung in der Kampfkunst des She-Kwan-Dao wird erlernt. Neben der körperlichen Fitness wird auch das Selbstwertgefühl gestärkt. Beim She-Kwan-Dao soll nicht das Kämpfen das Ziel sein, sondern sich in bedrohlichen Situationen gegen potentielle Angreifer zu behaupten.

Im She-Kwan-Dao lernt man daher Selbstbeherrschung, Geduld, den Menschen zu achten und das Lernen in der Gruppe. Das sind Fähigkeiten, die gerade heute mehr an Bedeutung gewinnen. Die Techniken des She-Kwan-Dao wurden so entwickelt, dass sie für jeden erlernbar sind und, wenn es notwendig wird, auch real umgesetzt werden können.

Es sind schnelle, elegante und effektive Techniken. Im Unterricht werden viele Partnerübungen, Grundformen, Atemübungen und für Fortgeschrittene auch traditionelle Tier- und Waffenformen gelehrt. Selbstverteidigungssituationen gegen imaginäre Gegner werden auch als sogenannte „Form" trainiert, diese enthalten zahlreiche Techniken wie Tritte, Schläge, Würfe, Blöcke und Befreiungstechniken. Eine positive Auswirkung auf die Gesundheit erfährt der Schüler schon nach kurzer Zeit des Trainings. Gelenkigkeit, Körperbeherrschung, positives Denken, Wohlbefinden, Fitness und der Geist werden gestärkt. Eine neue Form für innere Stärke und Ruhe kann dadurch erlangt werden. Durch das Studium des She-Kwan-Dao werden neue Kräfte mobilisiert, neue innere Energie gesammelt und die selbst gewählten neuen Ziele finden eine Neuorientierung.

Die Generationen

Großmeister Hong Thay Lee / Meister Siegfried Kynast

Das She-Kwan-Dao Schulabzeichen

Mit dem Tragen des Schulabzeichens bekennen die Schüler die Zugehörigkeit zum She-Kwan-Dao Kung Fu. Das Abzeichen wurde so aufgebaut, dass es von anderen Abzeichen unterscheidbar ist. Der Schriftzug She-Kwan-Dao bezeichnet den Stil der Kampfkunst und bedeutet wörtlich übersetzt „Schlange-Faust-Weg". Sinngemäß aber, „Der Weg der Schlangenfaust".

Das Symbol der Schlange bezieht sich auf den Stilgründer des She-Kwan-Dao, dieser wurde nach dem chinesischen astronomischen Kalender im Jahr der Schlange geboren und spiegelt auch die eigene Mentalität des Stilgründers Siegfried Kynast wieder. Dieses Schulabzeichen wird auf der linken Seite des Kampfsportanzuges getragen. Die linke Körperseite ist die Herzseite. She-Kwan-Dao wird mit dem Herzen trainiert. Die drei Farben des Schulabzeichens haben ebenfalls eine tiefere Bedeutung. Das Weiß in der Schlange soll den Anfänger symbolisieren. Das Schwarz im Schulabzeichen symbolisiert den Technikergrad und die Grundfarbe Rot, stellt den Meistergrad dar. Die runde Form des Schulabzeichens soll eine unendliche Wechselbeziehung zwischen dem Anfänger und dem Meistergrad darstellen.

Der Meister des Meisters

Großmeister Lee Hong Thay 10. Dan, erlernte einen von seinem Großvater Lee Hwai Lung entwickelten Familienstil, der aus dem nördlichen Shaolin stammte.

Der Großmeister in den chinesischen Kampfkünsten hat mehr als 30 Jahre Unterrichtserfahrung in den Bereichen Tai-Chi-Chuan, Qi-Gong und dem Ching Wu Men Kung-Fu. Unter anderem ist er auch Mitautor des Buches Wai Tan Kung "Das andere Qi Gong".

Die Schulregeln des She-Kwan-Dao

Mit dem Ursprung des Kung-Fu gibt es auch in den meisten traditionellen Kampfkunstschulen sogenannte Schulregeln. Diese Schulregeln zeigen Verhaltensformen auf, nach denen sich die Schüler einer traditionellen Kampfkunstschule richten sollten.

1. Die Schulregeln der Kampfkunstschule bilden die Grundlage für das Erlernen des She-Kwan-Dao.

2. Die Gesamtheit des Wissens macht das Können aus.

3. Ich übe Respekt, Achtung und Toleranz meinem Meister und anderen Schülern gegenüber.

4. Disziplin, Sauberkeit und Ordnung in der Kampfkunstschule spiegeln meinen Geist wider.

5. Das Trainieren der erlernten Techniken ist der Garant für meine Erfolge.

Der Altar und der Schulfeiertag unserer Schule

Der Altar in den Unterrichtsräumen der traditionellen Kung-Fu-Schulen ist so alt wie die chinesische Kampfkunst selbst.
Die Grundlagen wurden von den buddhistischen Mönchen gelegt. In unserer Schule wird traditionelles Kung-Fu unterrichtet, dies ist der Grund dafür, dass sich auch in unserem Unterrichtsraum ein Altar befindet. Es soll jedoch nicht bedeuten, dass der Kung Fu-Schüler dem Buddhismus oder einer anderen Glaubensrichtung angehören muss, um Kung-Fu zu erlernen. Wenn die Schüler den Unterrichtsraum betreten, verneigen sie sich und danken somit allen Kung-Fu Praktizierenden dafür, Kung-Fu erlernen zu dürfen.

Der Schulfeiertag:

Das She-Kwan-Dao Kung-Fu ist ein neues und traditionelles Kampfkunstsystem, welches am 01.02.2001 von Meister Siegfried Kynast gegründet wurde. Dies ist der Anlass dafür, in jedem Jahr ein Schulfest zu gestalten.

Das Lehrer-Schüler-Verhältnis

Wenn Du einen guten Lehrer willst, dann wähle keinen bequemen! „Chinesische Weisheit"

Das Lehrer-Schüler-Verhältnis in der Kampfkunst wird von uralten Regeln und Abhängigkeiten geprägt. Unter anderem weist es ganz spezifische, kulturbezogene Aspekte auf.

Die wohl wichtigsten Voraussetzungen für ein gesundes Lehrer-Schüler-Verhältnis sind die Bereitschaft des Lehrers, sein Wissen zu vermitteln, und andererseits die Bereitschaft des Schülers, aufzunehmen und weitergeben zu wollen, so dass der Idealfall eine ununterbrochene Kette von Lehrern und Schülern entstehen lässt, um möglichst das ursprüngliche Wissen unverfälscht weitergeben zu können.

Nicht immer sind diese Voraussetzungen durch unterschiedliche Unterrichtsführung und das Vermitteln von Lerntechniken im Sinne der asiatischen Kampfkunstkultur gegeben. Das liegt oft an der eigenen Unzulänglichkeit des Schülers, die von seinem Meister vermittelte Geisteshaltung aufzunehmen.

Dieser Aspekt mit seinem tiefen philosophischen Hintergrund ließ die Kampfkunst in ihrem Bestehen so alt werden. Ein besseres Verständnis dafür erhält der Schüler durch große Aufmerksamkeit im Unterricht, ständiges Sich-Befassen mit der asiatischen Kultur und das Vertrauen zum Lehrer mit seiner Vorbildrolle, dieses vermittelt zu bekommen.

Das Gurt- und Stufensystem

Im She-Kwan-Dao dienen die Gurtfarben dazu, den jeweiligen Ausbildungsstand des Schülers anzuzeigen.

Jede Gurtfarbe zeigt an, welche Techniken der Schüler beherrscht und wieweit seine geistige Haltung der des She-Kwan-Dao entspricht.

Es ist an den Gurtfarben nicht zu erkennen, wie weit sein Weg (Do) zur Meisterschaft noch ist.

Die Gurtfarbe ist zwar eine bestimmte Graduierung, diese sollte für den She-Kwan-Dao-Schüler aber eine untergeordnete Bedeutung haben.

Den nächsthöheren Grad erhält der Schüler erst nach dem Bestehen einer entsprechenden Überprüfung.

Das Verständnis für die Lehre des She-Kwan-Dao ist wichtiger Bestandteil der Prüfungen.

Der Schüler trägt seinen Gurt mit Stolz und nicht, um damit vor anderen anzugeben.

Mit Respekt und Achtung jedem anderen Grad gegenüber, lässt sich der Schüler nicht als etwas Höheres oder Besseres dastehen.

Die Schüler sind zwar unterschiedlich vorangekommen, sind aber Wegbegleiter auf ein und demselben Weg.

Der Aufbau des Unterrichts

Gymnastik: Durch die Gymnastik werden die körperlichen Grundlagen zum Erlernen des She-Kwan-Dao geschaffen. Sie steht am Beginn jeder Unterrichtsstunde. Zur Gymnastik zählen Aufwärm- und Konditionsübungen sowie Dehnungsübungen. Sie dienen zur Vorbereitung des Körpers und zur Minimierung des Verletzungsrisikos.

Grundtechniken: Zu den Grundtechniken zählen Stellungen, Schläge, Stöße, Tritte, Blocktechniken, die Fallschule sowie einfache oder schwere Kombinationstechniken. Sie sind für den Anfänger eine der schwersten Hürden, da sie nur durch andauerndes und ständiges Wiederholen richtig zu erlernen sind. Trotzdem sollte man hier genügend Ausdauer zeigen, denn nur, wenn man die Grundlagen (also die Grundtechniken) des She-Kwan-Dao beherrscht, kann man kompliziertere Techniken meistern.

Partnerübungen: Partnerübungen sind festgelegte, komplexe Varianten, einem bestimmten Angriff zu begegnen und den Gegner handlungsunfähig zu machen. Sie bestehen aus Block- und Kontertechniken. Auch diese Übungen müssen regelmäßig trainiert werden, um eine effektive Anwendung zu gewährleisten.

Freikampf: Der Freikampf hat nicht den Zweck, in eine sinnlose Prügelei auszuarten, sondern soll ein Gefühl für verschiedene Gegner vermitteln und einem das Ausprobieren von erlernten Techniken ermöglichen. Man soll dabei auch lernen, seine Techniken zu beherrschen, d.h. kontrolliert zuzuschlagen oder zu treten. Es ist nicht das Ziel, um jeden Preis zu gewinnen, wohl aber, eine große Fairness an den Tag zu legen.

So sollte dem Gegner (für uns ist er jedoch ein Trainingspartner!!!) ruhig mal die Gelegenheit geben werden, seine gelernten Techniken auszuführen, auch wenn er diese noch nicht fehlerfrei beherrscht.

Formen: Formen sind eine Aneinanderreihung von Techniken und sollen den simulierten Kampf mit einem oder mehreren imaginären Gegnern darstellen. Diese bestehen aus Einzeltechniken und Kombinationstechniken. Jede Form unterliegt auch einer typischen Dynamik, wie schnelle und langsame Bewegungen in Zusammenhang mit der richtigen Atmung. Die Form wird auch als Mutter der Kampfkunst bezeichnet und repräsentiert den jeweiligen Kampfkunststil. In der ersten Stufe werden stilinterne Handformen unterrichtet. Aus ihr werden Einzel- und Kombinationstechniken entnommen und im Unterricht trainiert. Wichtige Merkmale einer Form sind auch kriegerische Verhaltensmuster, wie Stolz, Angst, Schmerz, Krieg, Sieg, Niederlage und Tod. Der Übende bringt in einer Form den Stolz über sein Können und seine Kampfkunst zum Ausdruck. Somit enthält eine Form alle Elemente eines Kampfes. Der Übende soll seine Form zum Leben erwecken und diese Dinge auch lebendig darstellen. In der zweiten Stufe begegnen wir den verschiedenen Tier-Stilen des Kung Fu. Zu ihnen zählen u.a. der Tiger, der Affe, die Gottesanbeterin, die Schlange, der Kranich, der Adler oder auch der Drache. Auch aus den Tierstilen werden Elemente für die Selbstverteidigung entnommen und trainiert. Jedes dieser Tiere hat in der chinesischen Kultur darüber hinaus eine besondere Bedeutung und steht für besondere Eigenschaften, wie Mut, Kraft, Schnelligkeit, Gewandtheit und List. Über die Jahrhunderte entwickelten sich die Tier-Stile zu wirksamen Kampfmethoden.

Die Art der Ausbildung

Eine alte chinesische Weisheit sagt: Es ist leichter, tausend Dinge halb zu tun, als auf einem Gebiet ein Meister zu werden. Jeder Schüler, der den Weg der Kampfkunst beschreitet, sollte sich dessen bewusst sein. Viel Fleiß und vor allem Geduld mit sich selbst fordern vom Schüler beim Training viel Einsatz ab. Dies ist aber Voraussetzung, um zu lernen, seine Techniken und seinen Körper zu beherrschen. Wer das Trainieren einzelner Techniken nicht ernst nimmt, sogar für zwecklos hält, kann das wirkliche Erlernen der Kampfkünste nicht erfassen. Denn erst die Gesamtheit des Wissens macht das Können aus. Vom Fleiß hängt auch ab, wieviel Zeit zum Erlernen des She-Kwan-Dao benötigt wird, um persönliche Erfolge verzeichnen zu können. Das Trainieren der erlernten Techniken außerhalb der Unterrichtsstunden beschleunigt den positiven Effekt des Vorankommens. Es ist auch wichtig, dass der Schüler Fragen zu unklaren Techniken in ihrer Ausführung stellt und sich damit an seinen Lehrer wendet. Natürlich kann der Lehrer nicht alle Fragen in Voraus beantworten, weil vieles Zeit des Übens benötigt, um verstanden zu werden. She-Kwan-Dao beruht auf traditionellen Kampfkünsten und natürlich sind auch Ausbildung und Unterricht durch diese traditionelle Herkunft geprägt.

Die Grundschule des She-Kwan-Dao

Die Grundschule des She-Kwan-Dao besteht aus Basistechniken verschiedener Bereiche des Kampfkunstsystems.

Das She-Kwan-Dao beinhaltet folgende Grundschulbereiche:

- Fallschule
- Blocktechniken
- Hand- und Fausttechniken
- Schrittschule/Stellungen
- Fußtechniken
- Ellenbogentechniken

Am Anfang der Ausbildung steht das Trainieren und Üben von Grundschulelementen des She-Kwan-Dao Kung Fu, und gerade hier wird vom Trainierenden viel abverlangt. Das Trainieren ungewohnter Bewegungsabläufe sind die ersten physischen und psychischen Hürden, die der Anfänger überwinden muss. Kontinuierliches Üben der erlernten Techniken und der persönliche Fleiß des Anfängers garantieren für die ersten Erfolge in der Ausbildung des Kung Fu. Für den Anfänger ist es wichtig zu lernen, dass er nicht nach den ersten Erschöpfungserscheinungen, das Üben der Grundschule abbricht, oder nachlässig mit dem Training wird. Das unablässige Trainieren der Grundschule bildet die Grundlage für das Erlernen des She-Kwan-Dao Kung Fu und dieses wird den Trainierenden seine gesamte Ausbildung über begleiten.

Begriffe der Grundschule

Falltechniken (Fallschule):
Das Üben der richtigen Falltechniken soll bei einem eventuellen Sturz das Verletzungsrisiko verringern. Zudem werden mit verschiedenen Falltechniken auch Distanzen vom oder zum Gegner überwunden. Falltechniken können aber auch zur Vorbereitung für spezielle Angriffs- und Verteidigungskombinationen von Nutzen sein.

1. Grundschule Blöcke:
Alle Einzel- und Doppelblöcke werden vor dem Körper ausgeführt. Bei den Einzelblöcken wird mit rechts begonnen.

- Aufwärtsblock
- Mittlerer Unterarmblock von außen nach innen
- Mittlerer Unterarmblock von innen nach außen
- Abwärtsblock
- Kreisblock
- Ellbogenblock
- Beinblock
- Handpressblock abwärts
- Handkantenblock von innen nach außen
- Handfegeblock
- Kreuzblock aufwärts - Hände sind offen
- Kreuzblock abwärts - Hände zur Faust
- Mittlerer Doppelblock von innen nach außen - Hände sind offen
- Doppelter Handpressblock abwärts
- Handrückenblock mit gleichzeitigem Handfegeblock - Hüfthöhe

2. Grundschule Hand- und Fausttechniken:

(Basistechniken) Alle Techniken werden als Einzeltechniken vor dem Körper, mit rechts beginnend, und als Doppeltechniken ausgeführt.

- Fauststoß nach vorne - Vertikale Faust
- Handkantenstoß nach vorne - Vertikale Außenhandkante
- Handkantenschlag von außen - Horizontale Außenhandkante
- Handrückenschlag aufwärts - Kranichkopf
- Grifftechnik mit Zugtechnik zur Hüfte
- Handstich - Horizontale Hand (Handrücken nach oben)
- Handballenstoß - Horizontale Hand (Finger zeigen nach außen)
- Hammerfaust von unten vorm Körper - Vertikale Faust
- Faustrückenschlag von oben nach unten
- Fingerkopfschlag von außen nach innen - Bambuswaldfaust
- Handballenstoß - Vertikale Hand (Finger zeigen nach oben)

3. Grundschule Stellungen:

(Schrittschule) Alle Stellungen werden aus der Ausgangsstellung - Reiterstellung - in beide Richtungen ausgeführt. Wir beginnen nach rechts. Die Ausgangsstellung vor dem Richtungswechsel ist wieder die Reiterstellung.

- Vorwärtsstellung
- Rückwärtsstellung
- Kreuzbeinstellung
- Katzenstellung
- Einbeinstellung
- Kniestellung
- Bergsteigerstellung
- Tiefe Stellung

4. Grundschule Tritte:

Hier sind nur die einfachen Grundtechniken der Tritte enthalten. Die Tritte werden mit dem rechten und linken Bein gezielt zum Körper des Gegners ausgeführt. Mit rechts beginnen wir.

- Kniegelenktritt mit dem Innenrist des Fußes
- Kniegelenktritt mit dem Außenrist des Fußes
- Vorwärtstritt zur Körpermitte
- Halbkreistritt von außen zur Körpermitte mit dem Fußspann
- Halbkreistritt von innen zur Körpermitte mit dem Fußspann
- Seitwärtstritt zur Körpermitte mit horizontalen Fußaußenrist
- Rückwärtstritt zur Körpermitte mit dem vertikalen Fuß
- Halbmondtritt von innen zum Kopf mit dem Fußaußenrist
- Halbmondtritt von außen zum Kopf mit dem Fußinnenrist

5. Grundschule Ellenbogentechniken:

Die Techniken werden in rechter und linker Variante ausgeführt. Wir beginnen mit rechts.

- Ellenbogen von unten nach oben
- Ellenbogen von oben nach unten
- Ellenbogen von innen nach außen
- Ellenbogen von außen nach innen
- Ellenbogen nach hinten

Fallschule und Bodentechniken

Beim Trainieren der richtigen Falltechniken wird der Übende mit der Verletzbarkeit seines Körpers konfrontiert. Unwissenheit und Angst hemmen ihn oft darin, den erforderlichen Mut für das Trainieren der Falltechniken aufzubringen. Doch das Trainieren der Fallschule ist ein wichtiger Bestandteil der Selbstverteidigung, da Stürze mit Verletzungen in einer Selbstverteidigungssituation oft nicht zu vermeiden sind. Regelmäßiges Trainieren der Fallschule trägt dazu bei, persönliche Ängste zu überwinden, seinen Körper besser kennenzulernen und für eine gefährliche Situation vorbereitet zu sei. Der Anfänger erlernt in der Grundschule die ersten 6. Elemente der Fallschule und der Bodentechniken. Zu Anschauungszwecken wird nachfolgend nur eine Variante bildlich dargestellt.

1. Fallschule: Rolle vorwärts aus einer rechten Kampfstellung.

Ausgangsstellung

Vorbereitung der Rolle,
die Hände stützen den Körper.

Über die rechte Schulter rollen

Ausgangsstellungen

2. Fallschule: Rolle rückwärts aus einer linken Kampfstellung.

Ausgangsstellung

Das rechte Bein wird abgesetzt und angewinkelt.

Über die rechte Schulter rollen

Ausgangsstellung

3. Fallschule: Rolle seitwärts aus einer rechten Kampfstellung.

Ausgangsstellung

Vorbereitung der Rolle, die Hände stützen den Körper.

Rolle über den gesamten Rücken.

Ausgangsstellung

4. Fallschule: Seitlicher Fall aus einer linken Kampfstellung.

Ausgangsstellung

Rechtes Bein vorschieben und
den rechten Arm strecken.

Auf die rechte Seite fallen.

Ausgangsstellung

5. Fallschule: Sturz nach vorne aus einer linken Kampfstellung.

Ausgangsstellung

Linkes Bein zurück ziehen und
nach vorne fallen lassen.

Mit den Unterarmen abfangen.

Ausgangsstellung

6. Fallschule: Bodenschere aus einer linken Kampfstellung.

Ausgangsstellung

Mit dem rechten Bein den Fuß-
feger einleiten.

Auf die rechte Seite fallen, mit dem Bein von hinten Schwung holen.

Auf die rechte Seite drehen und mit dem linken Bein wieder von hinten Schwung holen.

Nach der Schere wieder auf die andere Seite drehen.

Endposition der Schere   Aufstehen in Ausgangsstellung

1. Grundschule – Blocktechniken

Bei der Grundschule der Blocktechniken befindet sich der Übende in der Reiterstellung. Die Blocktechniken werden vor dem Körper so ausgeführt, dass die Kraft der angreifenden Technik an dem Körper vorbeigeleitet wird. Blocktechniken dienen zur Abwehr von Angriffen eines Gegners. Je nach Härte und Geschwindigkeit des Angriffs müssen auch die Blocktechniken schnell und kraftvoll ausgeführt werden. Eine schwache Blocktechnik kann zum Durchbruch einer Angriffstechnik führen und schwere Verletzungen verursachen. Beim Üben der Blocktechniken sollte daher auf eine ganzheitliche Körperspannung geachtet werden.

| Aufwärtsblock vor dem Körper | Mittlerer Unterarmblock von außen nach innen |

Mittlerer Unterarmblock von
innen nach außen

Abwärtsblock vor dem Körper

Kreisblock vor dem Körper

Ellbogenblock
mit Körperdrehung

Beinblock vor dem Körper
von außen nach innen

Handpressblock abwärts

Handkantenblock
von innen nach außen

Handfegeblock vor dem Körper
von außen nach innen

Kreuzblock aufwärts
(Hände sind offen)

Kreuzblock abwärts
(Fäuste)

Mittlerer Unterarmdoppelblock
(Hände sind offen)

Doppelter Handpressblock
(abwärts)

Handrückenblock mit einem Handfegeblock rechts und links

Beispiel: Der Verteidiger blockiert den angreifenden Fauststoß mit einem Handrückenblock, gefolgt von einem Handfegeblock.

2. Grundschule – Hand- und Fausttechniken

(Basistechniken) Alle Techniken werden als Einzeltechniken vor dem Körper, mit rechts beginnend, und als Doppeltechniken ausgeführt. Hand- und Fausttechniken werden für den Angriff, den Konter oder für die Verteidigung verwendet. Handtechniken als Griffe werden vorwiegend für Kontroll,- Festhalte,- und Befreiungstechniken verwendet. Griffe werden auch zur Vorbereitung für kontrollierte Wurftechniken angewendet.

Einfacher Fauststoß

Einfacher Handkantenstoß
(Außenhandkante)

Handkantenschlag
(Außenhandkante)

Handrückenstoß aufwärts

Greiftechnik

Fingerstich abwärts

Handballenstoß horizontal

Hammerfaust abwärts

Faustrückenschlag

Fingerkopfschlag von außen

Handballenstoß vertikal

Doppel-Fauststoß

Doppel-Handkantenstoß

Doppel-Handkantenschlag

Doppel-Handrückenschlag

Doppel-Greiftechnik

Doppel-Fingerstich abwärts

Doppel-Handballenstoß
horizontal

Doppel-Hammerfaust abwärts

Doppel-Faustrückenschlag

Doppel-Fingerkopfschlag
von außen nach innen

Doppel-Handballenstoß
vertikal

3. Grundschule – Stellungen / Schritte

(Schrittschule) Alle Stellungen werden aus der Ausgangsstellung - Reiterstellung - in beide Richtungen ausgeführt. Wir beginnen nach rechts. Die Ausgangsstellung vor dem Richtungswechsel ist wieder die Reiterstellung.

Ausgangsstellung
(Reiterstellung)

Stellungswechsel nach rechts
(Vorwärtsstellung)

Zurück in die Ausgangsstellung
(Reiterstellung)

Stellungswechsel nach links
(Vorwärtsstellung)

Zurück in die Ausgangsstellung
(Reiterstellung)

Stellungswechsel nach rechts
(Rückwärtsstellung)

Zurück in die Ausgangsstellung
(Reiterstellung)

Stellungswechsel nach links
(Rückwärtsstellung)

Zurück in die Ausgangsstellung
(Reiterstellung)

Stellungswechsel nach rechts
(Kreuzbeinstellung)

Stellungswechsel nach rechts
(Katzenstellung)

Vorderes Bein heben
(Einbeinstellung)

Stellungswechsel nach links
(Kniestellung)

Stellungswechsel nach links
(Reiterstellung)

Stellungswechsel nach links
(Kreuzbeinstellung)

Stellungswechsel nach links
(Katzenstellung)

Stellungswechsel nach rechts
(Einbeinstellung)

Stellungswechsel nach rechts
(Kniestellung)

Stellungswechsel nach rechts
(Reiterstellung)

Stellungswechsel nach rechts
(Bergsteigerstellung)

Stellungswechsel nach links
(Reiterstellung)

Stellungswechsel nach links
(Bergsteigerstellung)

Stellungswechsel nach rechts
(Reiterstellung)

Stellungswechsel nach rechts
(Tiefe Stellung)

Stellungswechsel nach links
(Reiterstellung)

Stellungswechsel nach links
(Tiefe Stellung)

Zurück in die Ausgangsstellung
(Reiterstellung)

Der Angreifer greift mit einer tiefen Tritttechnik an. Der Verteidiger blockt mit einem doppelten Handpressblock in der Reiterstellung.

4. Grundschule – Tritte

Hier sind nur die Basistechniken der unterschiedlichsten Tritte enthalten. Unter anderem gibt es noch gesprungene, oder aus der Körperdrehung ausgeführte Fußtechniken. Tritte werden mit dem rechten und linken Bein gezielt zum Körper des Gegners ausgeführt. Zu den Fußtechniken zählen auch verschiedene Fußfegetechniken. Beim Trainieren der Grundschule beginnen wir mit dem rechten Bein.

Ausgangsstellung
(Vorwärtsstellung links)

Kniegelenktritt
(mit dem Innenrist)

Zurück in die Ausgangsstellung
(Vorwärtsstellung links)

Kniegelenktritt
(mit dem Außenrist)

Zurück in die Ausgangsstellung
(Vorwärtsstellung links)

Vorwärtsfußtritt
(mit dem Zehballen)

Zurück in die Ausgangsstellung
(Vorwärtsstellung links)

Halbkreisfußtritt von außen
nach innen mit dem Fußspann

Zurück in die Ausgangsstellung
(Vorwärtsstellung links)

Halbkreisfußtritt von innen
nach außen mit dem Fußspann

Zurück in die Ausgangsstellung
(Vorwärtsstellung links)

Seitwärtsfußtritt
(mit der Fußsohle)

Zurück in die Ausgangsstellung
(Vorwärtsstellung links)

Rückwärtsfußtritt
(mit dem Fußhacken)

Zurück in die Ausgangsstellung
(Vorwärtsstellung links)

Halbmondfußtritt von innen
nach außen mit dem Außenrist

Zurück in die Ausgangsstellung
(Vorwärtsstellung links)

Halbmondfußtritt von außen
nach innen mit dem Außenrist

Zurück in die Ausgangsstellung
(Vorwärtsstellung links)

Wechsel der Ausgangsstellung
(Vorwärtsstellung rechts)

Kniegelenktritt
(mit dem Innenrist)

Zurück in die Ausgangsstellung
(Vorwärtsstellung rechts)

| Kniegelenktritt (mit dem Außenrist) | Zurück in die Ausgangsstellung (Vorwärtsstellung rechts) |

| Vorwärtsfußtritt (mit dem Zehballen) | Zurück in die Ausgangsstellung (Vorwärtsstellung rechts) |

Halbkreisfußtritt von außen
nach innen mit dem Fußspann

Zurück in die Ausgangsstellung
(Vorwärtsstellung rechts)

Halbkreisfußtritt von innen
nach außen mit dem Fußspann

Zurück in die Ausgangsstellung
(Vorwärtsstellung rechts)

Seitwärtsfußtritt
(mit der Fußsohle)

Zurück in die Ausgangsstellung
(Vorwärtsstellung rechts)

Rückwärtsfußtritt
(mit dem Fußhacken)

Zurück in die Ausgangsstellung
(Vorwärtsstellung rechts)

Halbmondfußtritt von innen
nach außen mit dem Außenrist

Zurück in die Ausgangsstellung
(Vorwärtsstellung rechts)

Halbmondfußtritt von außen
nach innen mit dem Innenrist

Zurück in die Ausgangsstellung
(Vorwärtsstellung rechts)

5. Grundschule – Ellenbogentechniken

Ellenbogentechniken sind in ihrer Anwendung sehr gefährlich. Diese Techniken werden oft für Hebel- und Kontrolltechniken an den Gelenken des Gegners angewendet. Ellenbogentechniken können aber auch gezielt für Gelenkbrüche am Gegner eingesetzt werden. Mit präzisen Ellenbogentechniken gegen den Körper des Gegners kann dieser schnell kampfunfähig gemacht werden. Unter anderem können Ellenbogentechniken auch als Blocktechniken angewendet werden. Die Techniken werden beim Üben in rechter und linker Variante ausgeführt. Wir beginnen mit rechts.

Ausgangsstellung
(Reiterstellung)

Ellenbogenstoß aufwärts
von unten nach oben

Ellenbogenstoß von oben nach
unten zum Körper

Ellenbogenstoß seitwärts

Ellenbogenstoß (Halbkreis) von
außen nach innen zum Körper

Ellbogenstoß rückwärts

Ausgangsstellung
(Reiterstellung)

Ellenbogenstoß aufwärts
von unten nach oben

Ellenbogenstoß von oben nach
unten zum Körper

Ellenbogenstoß seitwärts

Ellenbogenstoß (Halbkreis) von
außen nach innen zum Körper

Ellbogenstoß rückwärts

Zurück in die Ausgangsstellung
(Reiterstellung)

Die 1. Bewegungsform des She-Kwan-Dao

Eine traditionelle asiatische Bewegungsform erlernen zu können, setzt einen erfahrenen Kampfkunstlehrer voraus. Wegen der fließenden und dynamischen Bewegung einer Kung Fu Form ist es nicht möglich auch alle Bewegung bildhaft abzubilden. Die Erklärungen zu den hier abgebildeten Bewegungsformen dienen daher ausschließlich den Schülern und Mitgliedern des She-Kwan-Do Kung Fu zum Zwecke der Prüfungsvorbereitung. Da ein Schüler des She-Kwan-Dao Kung-Fu ab erlernen der 5. Bewegungsform über das erforderliche Grundwissen verfügt, wurden nur die Bilder der Bewegungsformen 1-4 mit einer entsprechenden Erklärung versehen.

Zu Beginn der Bewegungsform gehen wir in die Ausgangsstellung.

Der Faustgruß hat in der Kampfkunst verschiedene Bedeutungen. In diesem Fall bezeugen wir dem imaginären Gegner unseren Respekt.

Das linke Bein wird zur schulterbreiten Stellung vom rechten Bein wegbewegt.

Das rechte Bein wird zum linken Bein herangezogen, gefolgt von einem Handkantenblock mit der rechten Hand.

Die linke Hand führt einen Handfegeblock vor dem Körper in Schulterhöhe durch. Die rechte Faust wird zur Hüfte zurückgezogen und bereitet einen Fauststoß vor.

Die rechte Faust führt einen Fauststoß zum Kopf des Gegners durch.

Einbeinstellung rechts, gefolgt mit einem Handkantenblock abwärts links und einem gleichzeitigen offenen Aufwärtsblock rechts.

Das linke Bein wird in die linke Vorwärtsstellung abgesetzt, gefolgt von einem gleichseitigen Ellenbogenstoß vorwärts.

Die rechte Hand führt einen Handpressblock vor dem Körper durch, gefolgt von einem Faustrückenschlag mit der linken Faust.

Die linke Vorwärtsstellung wechselt in die linke Rückwärtsstellung, gefolgt von einem tiefen doppelten Handpressblock.

Die linke Rückwärtsstellung wechselt wieder in die linke Vorwärtsstellung, gefolgt mit einem offenen Aufwärtsblock links und einem Fingerstich der rechten Hand.

Der Fingerstich der rechten Hand (vorherige Abbildung) führt einen Abwärtsblock vor dem Körper durch.

Nach dem Abwärtsblock mit dem rechten Arm (vorherige Abbildung) folgt ein Vorwärtsfußtritt mit dem rechten Bein. Die Blöcke bleiben in ihrer Position.

Nach dem Vorwärtsfußtritt wird das Bein zurückgezogen. Der linke Arm führt vor dem Körper einen offenen Aufwärtsblock durch.

Das rechte Bein wird zur Reiterstellung abgestellt, wobei die rechte Faust einen Fauststoß durchführt.

Das rechte Bein wird als Beinblock zurückgezogen. Der rechte Arm führt einen Armblock von innen nach außen vor dem Körper durch.

Das rechte Bein wird wieder abgesetzt und es folgt ein Schritt mit dem linken Bein in die linke Vorwärtsstellung. Die linke Hand führt einen Handpressblock durch, gefolgt von einem rechten Fauststoß.

Das linke Bein geht rückwärts in den Kreuzstand, gefolgt von einem Handkantenschlag rechts und einem Ellbogenstoß links.

Das rechte Bein geht rückwärts in die Vorwärtsstellung. Der linke und der rechte Arm führen einen Wurf durch.

Der Körper dreht sich in die rechte Katzenstellung, gefolgt von einem Handpressblock links und einem Schlangenhandblock rechts.

Das rechte Bein wird in die Vorwärtstellung abgesetzt. Die rechte Hand führt einen Handpressblock abwärts und die linke Hand einen Fingerstich nach oben durch.

Jetzt führt die linke Hand führt einen Handpressblock abwärts und die rechte Hand einen Fingerstich nach unten durch.

Nun führt wieder die rechte Hand einen Handpressblock abwärts und die linke Hand einen Fingerstich nach oben durch.

Die linke Hand führt anschließend einen Handfegeblock vor dem Körper zur linken Schulter durch.

Das linke Bein wird zur Einbeinstellung herangezogen. Der rechte Arm führt einen Fingerstich durch, wobei die Handfläche nach oben zeigt.

Das linke Bein geht in die Vorwärtsstellung. Die linke Hand führt einen Handkantenblock, die rechte Hand einen Fingerstich durch.

Das rechte Bein wird zum linken Bein herangezogen, gefolgt von einem Handkantenblock mit der rechten Hand.

Die linke Hand führt einen Handfegeblock vor dem Körper durch. Die rechte Faust bereitet an der rechten Hüfte einen Fauststoß vor.

Die rechte Faust führt einen Fauststoß zum Kopf des Gegners durch.

Das rechte Bein wird zur schulterbreiten Stellung vom linken Bein wegbewegt.

Das linke Bein wird wieder zum Faustgruß an das rechte Bein herangeführt.

Zum Beenden der Form gehen wir wieder in die Ausgangsstellung.

Die 2.Bewegungsform des She-Kwan-Dao

Zu Beginn der Bewegungsform gehen wir in die Ausgangsstellung.

Der Faustgruß hat in der Kampfkunst verschiedene Bedeutungen. In diesem Fall bezeugen wir dem imaginären Gegner unseren Respekt.

Das linke Bein wird zur schulterbreiten Stellung vom rechten Bein wegbewegt.

Das linke Bein anheben zur Einbeinstellung, der linke Unterarm blockiert mit einer Tigerkralle.

Das linke Bein absetzen und mit einem Schritt nach vorne in die Reiterstellung gehen. Die linke Hand greift, wobei der rechte Unterarm einen Hebel ausführt.

Hier noch einmal die Technik vom vorherigen Bild aus der gegenüberliegenden Perspektive

Es folgt ein Kniegelenktritt mit dem rechten Fuß. Die Hebeltechnik wird dabei beibehalten.

Wechsel in die rechte Vorwärtsstellung. Der rechte Arm löst den Hebel auf, die linke Innenhandkante geht zum Kopf des Gegners.

Das linke Bein führt einen Halbmondfußtritt zum Kopf des Gegners mit einer 180 Grad Drehung in die andere Richtung aus.

Die linke und die rechte Hand simulieren einen Armhebel. Das rechte Knie simuliert einen Ellenbogenbruch.

Hier noch einmal die Technik vom vorherigen Bild aus der gegenüberliegenden Perspektive.

Das rechte Bein wird anschließend zu einem Kreuzschritt abgesetzt.

Das linke Bein führt einen sogenannten Low Kick und die linke Hand einen Außenhandkantenschlag zum Hals des Gegners aus.

Das linke Bein geht in die linke Vorwärtsstellung, die rechte Hand führt eine Greiftechnik durch.

Hier noch einmal die Technik vom vorherigen Bild aus der
gegenüberliegenden Perspektive.

Anschließend führt die linke Faust einen Hammerschlag aus.

Der linke Arm führt einen Tigerschwanzblock aufwärts ...

...mit einem weiterführenden Tigerschwanzblock abwärts aus.

Es folgt eine Hebeltechnik mit der rechten Innenhandkante und einem Schritt nach vorne in die rechte Vorwärtsstellung.

Das linke Bein macht einen Kreuzschritt hinter das rechte Bein.

Der rechte Arm führt in einer Kreisbewegung die Hebeltechnik zu Ende durch.

Es folgt eine Kniestellung in die entgegengesetzte Richtung mit einem offenen Aufwärtsblock und einer Hakenfaust.

Die linke Hand führt mit der Handfläche einen Hebel nach unten, kombiniert mit einer Zugbewegung der rechten Hand nach hinten aus.

Die rechte Hand führt einen Fingerstich nach unten aus.

Es folgt ein Richtungswechsel in die linke Katzenstellung mit einem offenen Doppelblock aufwärts.

Anschließend dreht sich der Körper in die rechte Kreuzstellung und der Doppelblock aufwärts führt eine Greif- und Zugtechnik aus.

Das linke Bein führt einen Kniegelenktritt mit dem Außenrist aus.

Mit einem Schritt vorwärts in die Reiterstellung werden gleichzeitig ein linker Aufwärtsblock und ein rechter Fauststoß ausgeführt.

Das linke Bein wird zur schulterbreiten Stellung an das rechte Bein herangezogen.

Das rechte Bein wird zum linken Bein herangezogen und es erfolgt wieder der traditionelle Faustgruß.

Die Form endet mit der Ausgangsstellung.

Die 3.Bewegungsform des She-Kwan-Dao

Zu Beginn der Bewegungsform gehen wir in die Ausgangsstellung.

Der Faustgruß hat in der Kampfkunst verschiedene Bedeutungen. In diesem Fall bezeugen wir dem imaginären Gegner unseren Respekt.

Das linke Bein wird zur schulterbreiten Stellung vom rechten Bein wegbewegt.

Das linke Bein zum rechten Bein heranziehen. Die Arme kreuzen sich vor dem Körper zur Vorbereitung für die Folgetechnik.

Das linke Bein geht in die Reiterstellung. Die gekreuzten Arme gehen in einen beidseitigen Handballenstoß über.

Der linke Arm vollzieht einen Handfegeblock zur Körpermitte. Die rechte Hand bereitet eine Fausttechnik vor.

Der rechte Arm vollzieht einen tiefen Hammerschlag vor dem Körper.

In die linke Vorwärtsstellung gehen. Die linke Hand geht in die Hakenhand über. Handrückenstoß mit der rechten Hand.

Der rechte Arm vollzieht vor dem Körper einen angewinkelten Unterarmblock.

Der rechte Arm macht einen Tigergriffblock. Das rechte Bein geht nach vorne. Der linke Arm bereitet einen Fauststoß vor.

Der rechte Tigergriffblock führt eine Zugtechnik durch. Der linke Arm macht eine entgegengesetzten Fauststoß.

Die linke Faust wird für eine Grifftechnik geöffnet.

Der rechte Arm vollzieht eine Fingerstichtechnik und das rechte Bein gleichzeitig einen tiefen Vorwärtsfußtritt.

Die rechte Fingerstichtechnik geht in eine Greif- und Zugtechnik über.

Das linke Bein wird in die Reiterstellung abgesetzt. Die linke Faust macht einen seitlichen Fauststoß. Der rechte Arm vollendet die Greif- und Zugtechnik.

Das rechte Bein geht rückwärts in den Kreuzschritt. Mit der linken Hand wird vor dem Körper ein Handfegeblock durchgeführt.

Die linke Hand geht zu einem Handpressblock über. Der rechte Arm führt vor dem Körper einen Innenhandkantenblock durch.

Der Kreuzschritt dreht sich in die Reiterstellung. Der rechte Arm wird zum Aufwärtsblock, die linke Faust macht einen Fauststoß.

Das linke Bein geht in die Vorwärtsstellung. Der linke Arm macht einen offenen Aufwärtsblock und die rechte Hand einen Außenhandkantenschlag

Die vorherige Technik wird entgegengesetzt durchgeführt.

Der linke Arm macht einen Tigerschwanzblock abwärts und der rechte Arm einen Außenhandkantenschlag.

Die vorherige Technik wird entgegengesetzt durchgeführt.

Der Körper dreht sich nach rechts in die linke Einbeinstellung. Der linke Arm macht einen offenen Aufwärtsblock und der rechte Arm einen offenen Abwärtsblock.

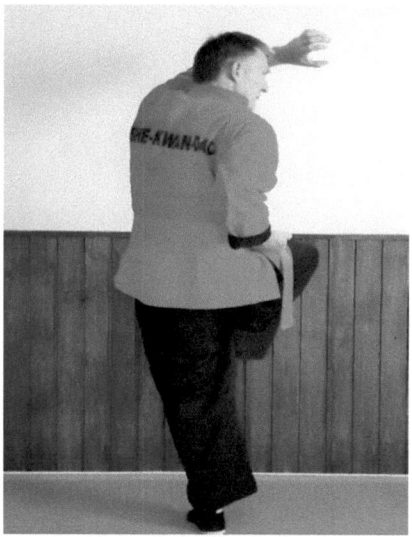

Der linke Arm geht zur Greif- und Zugtechnik über. Der rechte Arm bereitet einen Fauststoß vor.

Das rechte Bein wird in die Reiterstellung abgesetzt. Der linke Arm vollendet die Greif- und Zugtechnik. Die rechte Faust macht einen seitlichen Fauststoß.

Die rechte Faust geht in eine Greif- und Zugtechnik über.

Wir gehen in die rechte Vorwärtsstellung. Der rechte Arm vollendet die Greif- und Zugtechnik. Die linke Faust macht einen entgegengesetzten Fauststoß.

Die linke Faust geht in eine Greif- und Zugtechnik über.

Der rechte Arm vollzieht eine Fingerstichtechnik und das rechte Bein gleichzeitig einen tiefen Vorwärtsfußtritt.

Die rechte Fingerstichtechnik geht in eine Greif- und Zugtechnik über.

Das linke Bein wird in die Reiterstellung abgesetzt. Die linke Faust macht einen seitlichen Fauststoß. Der rechte Arm vollendet die Greif- und Zugtechnik.

Das linke Bein macht einen Kreuzschritt hinter das rechte Bein. Beide Arme vollziehen vor dem Körper einen offenen Kreuzblock.

Das rechte Bein führt einen Kniegelenktritt mit dem Außenrist durch.

Das rechte Bein wird in die Reiterstellung abgesetzt. Beide Arme machen einen seitlichen, offenen Handkantenblock abwärts.

Das linke Bein wird zur schulterbreiten Stellung vom rechten Bein wegbewegt.

Der Faustgruß hat in der Kampfkunst verschiedene Bedeutungen. In diesem Fall bezeugen wir dem imaginären Gegner unseren Respekt.

Am Ende der Bewegungsform gehen wir in die Ausgangsstellung.

Die 4.Bewegungsform des She-Kwan-Dao

Zu Beginn der Bewegungsform gehen wir in die Ausgangsstellung.

Der Faustgruß hat in der Kampfkunst verschiedene Bedeutungen. In diesem Fall bezeugen wir dem imaginären Gegner unseren Respekt.

Das linke Bein wird zur schulterbreiten Stellung vom rechten Bein wegbewegt.

Rechtes Bein an das linke Bein heranziehen. Der rechte Arm macht einen seitlichen, mittleren Innenhandkantenblock.

Das rechte Bein wird in die Bergsteigerstellung ausgestellt. Der rechte Arm führt einen Ellenbogenstoß seitwärts aus.

Der rechte sowie der linke Arm führen eine Hebel- und Wurf-technik aus.

Der linke Arm bereitet eine Tigerkrallen-Greiftechnik in die andere Richtung vor.

Das rechte Bein macht einen Schritt in die andere Richtung in die Reiterstellung. Die rechte Faust macht einen seitlichen Fauststoß.

Linkes Bein an das rechte Bein heranziehen. Der linke Arm macht einen seitlichen, mittleren Innenhandkantenblock.

Das linke Bein geht in Reiterstellung. Die linke Hand führt einen Handkantenschlag in mittlerer Höhe aus.

Das rechte Bein in die Vorwärtsstellung umsetzen. Der rechte Arm führt einen Aufwärtsblock und der linke Arm einen entgegengesetzten Fauststoß aus.

Der linke Arm führt vor dem Körper einen Abwärtsblock von außen nach innen aus.

Nach dem Abwärtsblock erfolgt ein Vorwärtsfußtritt in mittlerer Höhe mit dem linken hinteren Bein.

Das linke Bein in die Vorwärtsstellung absetzen. Die beiden Arme führen einen doppelten Fauststoß (Bergfaust) aus.

Richtungswechsel in die Katzenstellung gefolgt von einem Abwärtsblock von außen nach innen mit dem rechten Arm und einem Aufwärtsblock mit dem linken Arm.

Das vordere rechte Bein führt einen tiefen Vorwärtsfußtritt aus.

Das rechte Bein wird in die Bergsteigerstellung abgestellt. Der rechte Arm führt einen Abwärtsblock von außen nach innen und der linke Arm einen Fauststoß über den Kopf aus.

Richtungswechsel in die Katzenstellung gefolgt von einem linken Abwärtsblock und einem rechten Aufwärtsblock.

134

Das vordere linke Bein führt einen tiefen Vorwärtstritt in mittlerer Höhe aus.

Das linke Bein in die Vorwärtsstellung absetzen. Der linke Arm führt einen Kranichkopfblock aus. Die rechte Hand greift die Linke.

Die linke Hand führt einen offenen Aufwärtsblock mit Greiftechnik und die rechte Hand einen Außenhandkantenschlag von außen nach innen zum Kopf aus.

Das rechte Bein führt einen Vorwärtsfußtritt in mittlerer Höhe aus.

Das rechte Bein wird in die Reiterstellung abgestellt. Die linke Hand wird zur Hüfte herangezogen. Die rechte Faust führt einen seitlichen Fauststoß aus.

Richtungswechsel in die linke Vorwärtsstellung gefolgt von einem Handballenstoß rechts und einem Kranichkopfblock links.

Die linke Hand greift das rechte Handgelenk und bereitet eine Greif-, Hebel- und Zugtechnik vor.

Der Körper geht in die rechte Bergsteigerstellung. Die Hände führen die Greif-, Hebel- und Zugtechnik vor dem Körper zu Ende aus.

Das linke Bein führt ein Kniegelenktritt mit dem Außenrist aus.

Das linke Bein absetzen und mit einer Rückwärtsdrehung in die Reiterstellung gehen. Der rechte Arm macht einem Ellenbogenstoß.

Das linke Bein wird zur schulterbreiten Stellung vom rechten Bein wegbewegt.

Der Faustgruß hat in der Kampfkunst verschiedene Bedeutungen. In diesem Fall bezeugen wir dem imaginären Gegner unseren Respekt.

Am Ende der Bewegungsform gehen wir in die Ausgangsstellung.

Die 5. Bewegungsform des She-Kwan-Dao

144

Die 6. Bewegungsform des She-Kwan-Dao

 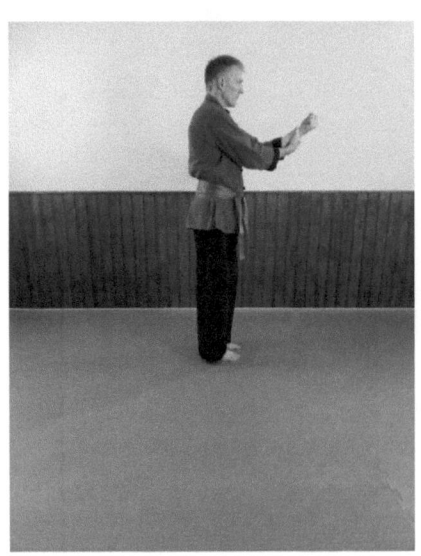

159

Die 7. Bewegungsform des She-Kwan-Dao

Die 8. Bewegungsform des She-Kwan-Dao

179

Die 24.Tam Tui des She-Kwan-Dao

Die Elemente des She-Kwan-Dao Tam Tui beinhalten die Techniken der Parnerübungen des Kung Fu Systems. Die Tam Tui Techniken werden geübt, um ein besseres Verständnis für die Bewegungsabläufe und derer Umsetzung zu erhalten. Um die Elemente des She-Kwan-Dao Tam Tui zu erlernen, bedarf es ebenfalls einen erfahrenen Kampfkunstlehrer des She-Kwan-Dao Kung Fu. Die hier abgebildeten Bewegungen dienen ausschließlich den Schülern und Mitgliedern zum Zwecke der Prüfungsvorbereitung.

Tam Tui Nr.1

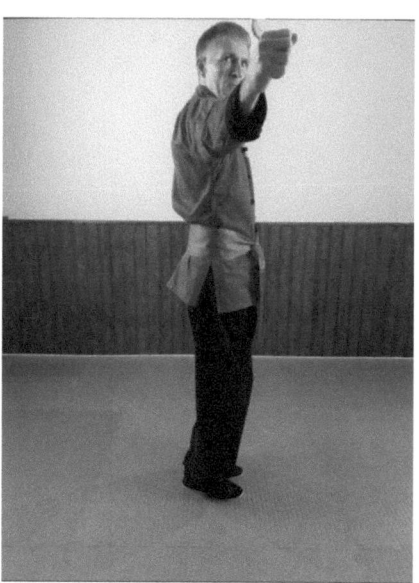

Tam Tui Nr.2

Tam Tui Nr.3

Tam Tui Nr.4

 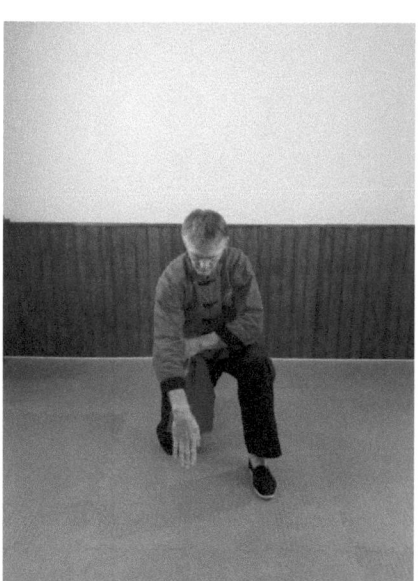

Tam Tui Nr.5

 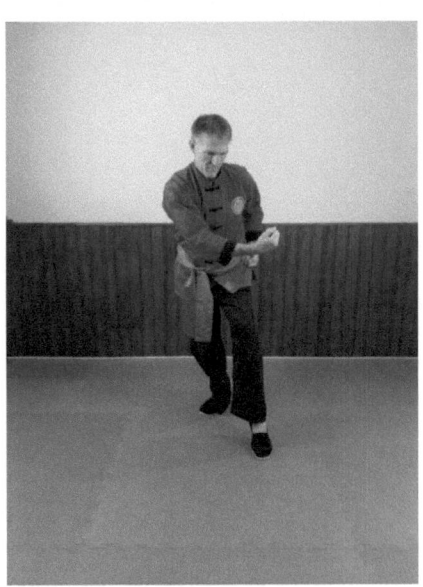

Tam Tui Nr.6

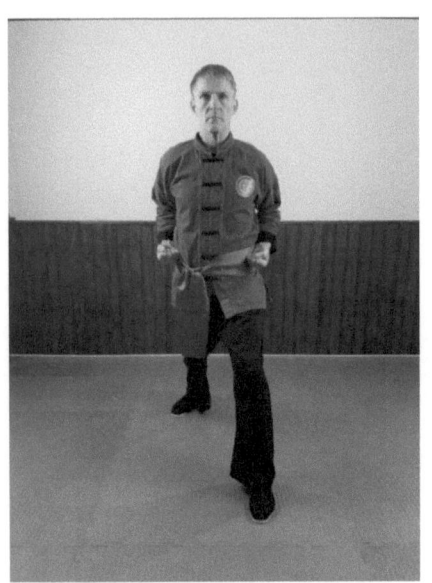 

Tam Tui Nr.7

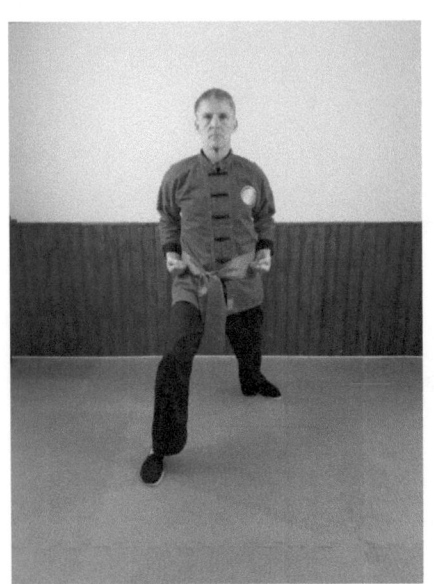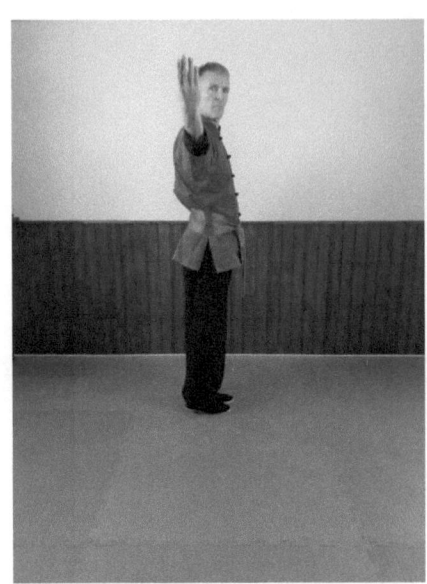

Tam Tui Nr.8

Tam Tui Nr. 9

Tam Tui Nr. 10

Tam Tui Nr.11

Tam Tui Nr.12

Tam Tui Nr.13

Tam Tui Nr.14

Tam Tui Nr. 15

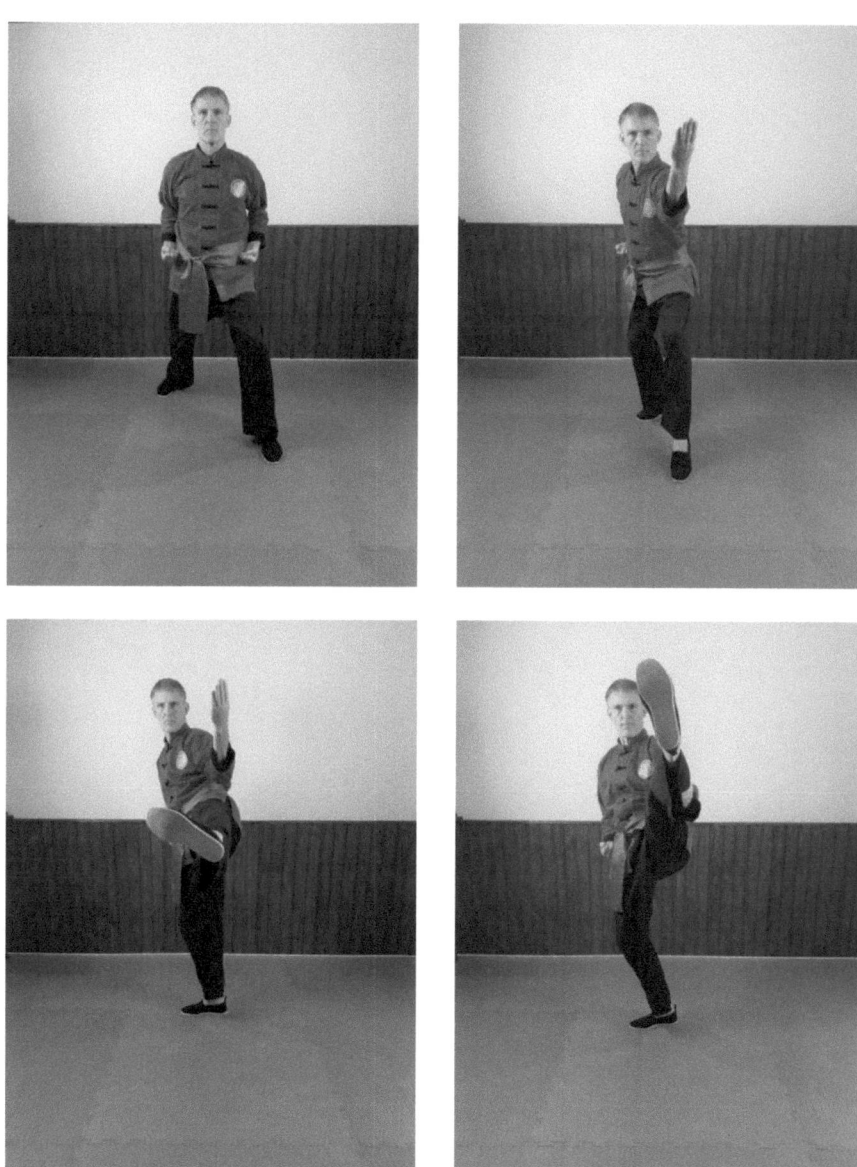

Tam Tui Nr. 16

Tam Tui Nr. 17

Tam Tui Nr. 18

Tam Tui Nr. 19

Tam Tui Nr. 20

Tam Tui Nr. 21

Tam Tui Nr. 22

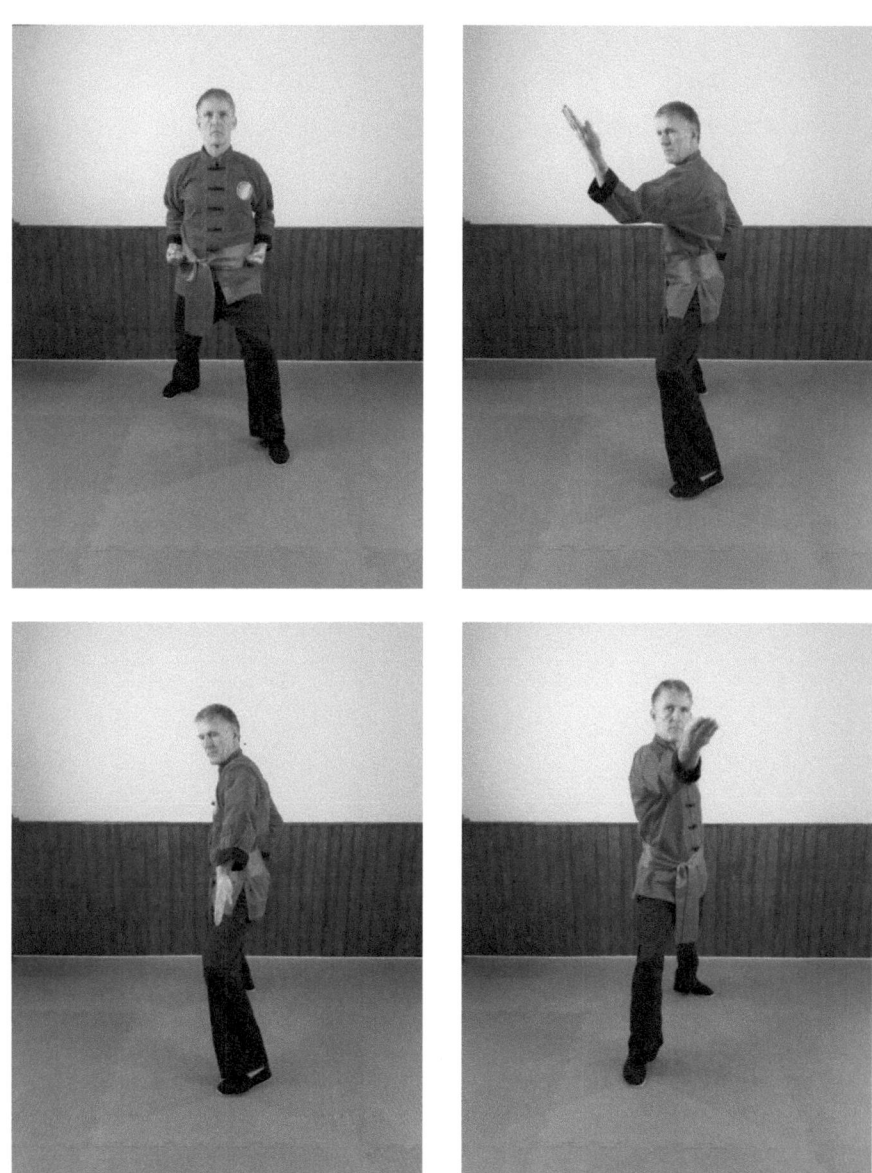

Tam Tui Nr. 23

Tam Tui Nr. 24

Die 24. Partnerübungen des She-Kwan-Dao

Partnerübungen sind festgelegte, komplexe Varianten, einem bestimmten Angriff zu begegnen und den Gegner handlungsunfähig zu machen. Sie bestehen aus Block- und Kontertechniken. Auch diese Übungen müssen regelmäßig trainiert werden, um eine effektive Anwendung zu gewährleisten.

1.Partnerübung

231

2.Partnerübung

234

3.Partnerübung

4.Partnerübung

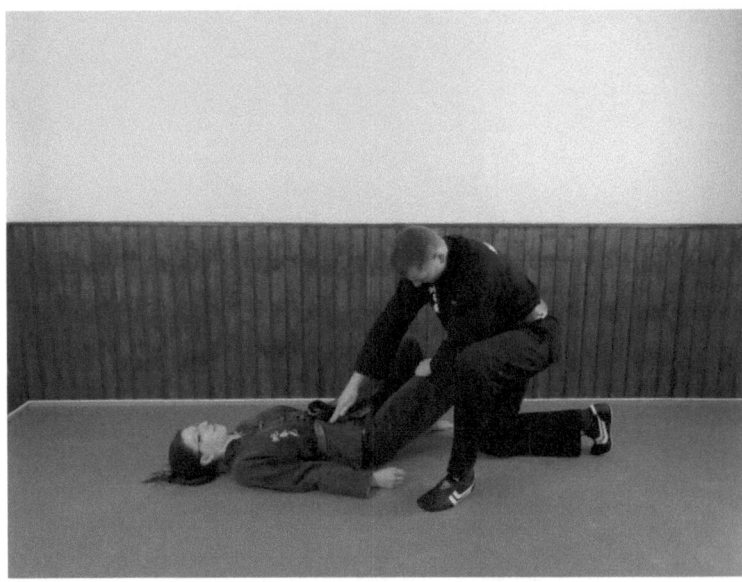

5.Partnerübung

242

6.Partnerübung

7.Partnerübung

8.Partnerübung

9.Partnerübung

10.Partnerübung

11.Partnerübung

12.Partnerübung

13.Partnerübung

14.Partnerübung

15.Partnerübung

16.Partnerübung

17.Partnerübung

18.Partnerübung

19.Partnerübung

20.Partnerübung

21.Partnerübung

22.Partnerübung

23.Partnerübung

24.Partnerübung

Die Atmung

In der Atmung kennen wir drei Phasen:

1. Brustatmung
2. Bauchatmung
3. Zwischenbereich-Atmung Solar Plexus

Wir atmen normalerweise nur durch die Nase ein, durch den Hals, in die Lunge und umgekehrt wieder aus. Es ist sehr wichtig, durch die Nase einzuatmen, um dadurch die Atemluft zu filtrieren und der Körpertemperatur weitestgehend anzupassen.

Würden wir durch die Nase einatmen und durch den Mund ausatmen, so würde sich die Körpertemperatur in der Nase nicht mehr konstant halten können, die Nase trocken, warm oder kalt, feucht, etc. werden und sich schwer selber wieder regulieren.

Die Brustatmung:

In dieser Phase wird nur mit dem Brustkorb versucht zu atmen. Dies wird vor allem durch eine Auf-und-ab-Bewegung der oberen Brust und der Schulter erreicht. Es soll nicht in den anderen Bereichen geatmet werden.

Die Bauchatmung:

In dieser Phase wird nur in den Bauch versucht zu atmen. Dies wird durch die Auf-und-ab-Bewegung durch den Bauch erreicht (Ausstrecken und Einziehen des Bauches). Es soll nicht in den anderen Bereichen geatmet werden.

Die Zwischenbereich-Atmung Solar Plexus:

In dieser Phase wird nur mit dem Bereich des Solar Plexus geatmet. Dies wird durch eine Auf-und-ab-Bewegung des mittleren Brustkorbes erreicht. Die Flügel der kurzen Rippen dürfen sich leicht nach außen öffnen und schließen. Es soll nicht in den anderen Bereichen geatmet werden.

Die richtige Atmung ist ein fester Bestandteil der Kampfkunst. Dies spiegelt sich nicht nur bei der gesundheitlichen Körperentwicklung, sondern auch bei der Anwendung der Atmung zum Trainieren von Einzeltechniken und beim Laufen von Formen wider. Die Atmung verleiht unseren Formen oder Einzeltechniken die richtige Dynamik, Kraft, Geschwindigkeit und somit eine gewisse Perfektion. Sie dient auch zur kontrollierten Kraftaufnahme und Kraftabgabe bei speziellen Chi Gong Übungen der äußeren (harten) Kampfkunst wie zum Beispiel den Bruchtest.

Erste Hilfe bei Verletzungen im Unterricht

Die hier genannten Behandlungsmaßnahmen der traditionellen alten chinesischen Medizin beruhen auf Erfahrungen bei Unfällen in unseren Trainingsräumen. Der Umgang mit den genannten Behandlungsmaßnahmen erfordert große Sorgfalt in ihrer Anwendung, und sie ersetzen keinesfalls anschließende, notwendige ärztliche Versorgungen.

Quetschungen:

Bei Quetschungen wird die betroffene Stelle des Körpers in Ruhestellung gebracht und mit kalten Umschlägen gekühlt. Je nach Art und Höhe des Verletzungsgrades der Quetschung kann die Weiterbehandlung mit entsprechenden Kräutertinkturen oder Salben erfolgen.

Nasenbluten: (leichtes Nasenbluten)

Wir legen eine Hand in den Nacken des Verletzten, mit der anderen Handfläche führen wir für etwa 3 Sekunden einen leichten Druck auf die Stirn aus und lassen anschließend beide Hände gleichzeitig los. Dadurch wird ein zu hoher Druck in der Stirnhöhle abgebaut. Das Zuhalten der Nasenflügel unterstützt zusätzlich den Abbau zu hohen Blutdrucks im Kopf. Insgesamt werden 3 Wiederholungen durchgeführt.

Ohnmacht durch Tritt oder Schlag:

Den Verletzten in eine sitzende Position bringen, wobei wir ihn beidseitig unter den Armen fassen.
Nun heben wir den Verletzten wenige Zentimeter vom Boden ab und lassen ihn mehrmals auf sein Gesäß fallen.

Übelkeit:

Mit Daumen und Zeigefinger werden dem Verletzten leichte Kneifbewegungen in den Unterleib zugeführt, wobei die zweite Hand stark in Höhe der Lendenwirbelsäule drückt.

Verstauchung:

Bei Verstauchungen im Handgelenkbereich erfassen wir den Unterarm des Verletzten mit einer Hand und halten diesen fest. Mit der anderen Hand erfassen wir das Handgelenk und ziehen es mit 2-4 leichten, ruckartigen Bewegungen auseinander. Anschließend wird die verletzte Stelle mit kalten Umschlägen gekühlt. Bei Verstauchungen am Fußgelenk, ziehen wir 2-4-mal den verletzten

Fuß über den Spann, wobei wir Ferse und Zehen festhalten. Anschließend die verletzte Stelle mit kalten Umschlägen kühlen.

Prüfungsbedingungen

Grad	Gürtel	Zeit	Basis	Tam Tui	Partnerübungen	Form
7.	weiß					
6.	gelb	6 Mon.	1	1-3	1-3	1
5.	orange	6 Mon.	1-2	4-6	4-6	2
4.	grün	6 Mon.	1-3	7-10	7-10	3
3.	blau	6 Mon.	1-4	11-13	11-13	4
2.	lila	6 Mon.	1-4	14-16	14-16	5
1.	braun	6 Mon.	1-5	17-20	17-20	6
1.	Doan	2 Jahre	1-5	21-24	21-24	8

Jede Prüfung unterliegt bestimmten Kriterien wie Schnelligkeit, Kraft, Dynamik, Technik, Bewegung, Konzentration und den nachfolgenden Kriterien:

- Kenntnis und Beherrschung des geforderten Schüler-Programms
- Freikampf 2 Min.
- Lehr- und Unterrichtsprobe für Braungurte
- Analyse von Grundtechniken (mündlich u. praktisch)
- Kenntnisse der Geschichte und Philosophie (SHE-KWAN-DAO)
- Nachweis der Teilnahme an SHE-KWAN-DAO Veranstaltungen

Anmerkung: Während der Wartezeit zwischen den Prüfungen muss ein ständiges und kontinuierliches Training des She-Kwan-Dao betrieben werden. Ob ein Schüler an der nächsten Gurtprüfung teilnehmen darf, wird von seinem Lehrer/Meister entschieden

Änderungen der Prüfungsbedingungen bleiben vorbehalten.

Der Buchautor

Meister Siegfried Kynast, 51 Jahre, 6. Dan in Kung Fu, geb. am 22.02.1965, Vize-Weltmeister (Seoul Korea), Europameister, mehrfacher Deutscher- und Berliner Meister. Angefangen mit Judo und Karate, sowie dem Studium anderer Kampfkünste, betreibt er seit über 25 Jahren asiatische Kampf- und Bewegungskünste. Seit 1995 gibt er sein Wissen weiter. Unterrichtet wird Meister Siegfried Kynast von Großmeister Hong Thay Lee 10. Dan in Tai-Chi-Chuan, Qi Gong und im Ching Wu Men Kung Fu. Im Jahre 2001 gründete er seinen eigenen Kampfkunststil und nannte ihn das She-Kwan-Dao Kung Fu.